LUCKY LUKE

WESTERN CIRCUS

DESSINS DE MORRIS
SCÉNARIO DE GOSCINNY

DARGAUD ÉDITEUR

12, RUE BLAISE-PASCAL - 92201 - NEUILLY-SUR-SEINE

DANS LE MONDE - LUCKY LUKE EN LANGUES ETRANGERES

AFRIQUE DU SUD :
Hodder Dargaud, Mill Road, Dunton Green, Sevenoaks, Kent TN13 2XX, Angleterre

AMERIQUE HISPANOPHONE :
Ediciones Junior S.A., 386 Aragon, Barcelone 9, Espagne

AUSTRALIE :
Hodder Dargaud, Mill Road, Dunton Green, Sevenoaks, Kent TN13 2XX, Angleterre

AUTRICHE :
Delta Verlag, Postfach 1215, 7 Stuttgart 1, R.F.A.

BELGIQUE :
Dargaud Benelux, 3, rue Kindermans, 1050 Bruxelles, Belgique

CANADA :
Dargaud Canada, 307 Benjamin-Hudon, St-Laurent, Montréal PQ H4N1J1, Canada

DANEMARK :
A/S Interpresse, Krogshøjvej 32, 2880 Bagsvaerd, Danemark

ESPAGNE :
Ediciones Junior S.A., 386 Aragon, Barcelone 9, Espagne

FINLANDE :
Otava, Uudenmaankatu 8-12, Helsinki, Finlande

FRANCE (Edition régionale) :
Breton : Skol An Emsav, 30 Plasenn Al Lisoù, 35000 Roazhon, France

GRECE :
Anglo Hellenic Agency, Kriezotou 3, Corner Panepistimiou Athenes, Grèce

HONG-KONG :
Hodder Dargaud, Mill Road, Dunton Green, Sevenoaks, Kent TN13 2XX, Angleterre

HOLLANDE :
Dargaud Benelux, 3, rue Kindermans, 1050 Bruxelles, Belgique
Distribution : Oberon, Ceylonpoort 5/25, Haarlem, Hollande

ISLANDE :
Fjolvi HF, Njorvasund 15a, Reykjavik, Islande

LIBAN :
Dar Al Maaref, Esseily Bldg, Riad El Solh Square, Beyrouth, Liban

NORVEGE :
Semic Norway, Lilletorget 1, Oslo 1, Norvège

NOUVELLE-ZELANDE
Hodder Dargaud, Mill Road, Dunton Green, Sevenoaks, Kent TN13 2XX, Angleterre

PORTUGAL :
Meriberica, Rua D. Filipa de Vilhena 4-5º, Lisbonne 1, Portugal

REPUBLIQUE FEDERALE ALLEMANDE :
Delta Verlag, Postfach 1215, 7 Stuttgart 1, R.F.A.

ROYAUME-UNI :
Hodder Dargaud, Mill Road, Dunton Green, Sevenoaks, Kent TN13 2XX, Angleterre

SUEDE :
Bonnier Juveniles International, Sveavägen 54-58, Stockholm, Suède

SUISSE :
Interpress Dargaud S.A., En Budron B, 1052 Le mont s/Lausanne, Suisse

YOUGOSLAVIE :
Nip Forum, Vojvode Misica 1-3, 2100 Novi Sad, Yougoslavie

NOUS AVONS PLANTÉ LE CAMPEMENT EN ATTENDANT DE RÉPARER, MR....?

LUCKY LUKE.

MR LUCKY LUKE S'EST OFFERT POUR NOUS AIDER... JE VAIS VOUS PRÉSENTER, MR LUKE, LES MERVEILLEUSES VEDETTES DU WESTERN CIRCUS...

LA GRANDE VANESSA! LA PLUS GRANDE TRAPÉZISTE DU MONDE. ELLE EST AUSSI MRS MULLIGAN...

PERSONNE N'EST PARFAIT, MR LUKE...

DAPHNÉ! GRACIEUSE ÉCUYÈRE, LANCEUSE DE COUTEAUX ÉMÉRITE, ET MA FILLE, ...

ZIP KILROY, MIEUX CONNU SOUS LE NOM DE ZIPPY, LE CLOWN LE PLUS DÉSOPILANT DE L'UNIVERS. ZIP EST AUSSI LE MARI DE DAPHNÉ, DONC MON GENDRE...

LA MÉNAGERIE: VOUS CONNAISSEZ DÉJÀ ANDY L'ÉLÉPHANT; NOUS AVONS AUSSI DEUX CHEVAUX SAVANTS ET WILLY, LA MULE... MAIS VENEZ VOIR NOTRE PLUS BEAU FLEURON...

LE TERRIBLE NELSON, AINSI NOMMÉ PARCE QU'IL A TOUT LE COURAGE DU HÉROS QUI A VAINCU NAPOLÉON À TRAFALGAR... ET COMME LUI, IL N'Y VOIT PAS TRÈS BIEN D'UN ŒIL...

LÀ NE S'ARRÊTE PAS LA RESSEMBLANCE: IL A LE MÊME ÂGE QU'AURAIT L'AMIRAL DE NOS JOURS, ET, COMME LUI, IL N'EST PAS MANGEABLE.

L'ESPRIT DE ZIP, MR LUKE, N'EST PERCEPTIBLE QUE DANS L'EXERCICE DE SON ART, AVEC DU MAQUILLAGE SUR SA GRANDE BOUCHE.

5

LE WESTERN CIRCUS VIENT DE NEW YORK, DÉCIDÉMENT TROP PETIT POUR BARNUM ET POUR MOI...

...DONC, POUR NE PAS GÊNER UN CONFRÈRE, ET POUR LA PREMIÈRE FOIS DANS L'HISTOIRE, J'AI DÉCIDÉ DE PARTIR POUR UNE TOURNÉE TRIOMPHALE DANS L'OUEST DES ÉTATS-UNIS!

ET À CHAQUE ÉTAPE, PAR LE JEU ET L'ALCOOL, LE CAPITAINE MULLIGAN A PERDU UN PEU DE SON CIRQUE ET DE SON MATÉRIEL!..

..- ET VOILÀ OÙ NOUS EN SOMMES: TROIS CHARIOTS, DONT UN AVEC UNE ROUE CASSÉE!

TU EXAGÈRES, MA DAME DE CŒUR!

EH BIEN, DÉPÊCHONS-NOUS DE RÉPARER! LES INDIENS RISQUENT DE REVENIR ET MOI, JE SUIS PRESSÉ D'ARRIVER À FORT COYOTE POUR LE RODÉO ANNUEL.

UN RODÉO ANNUEL? VOILÀ QUI VA ATTIRER DU MONDE! NOUS ALLONS PLANTER NOTRE CHAPITEAU À FORT COYOTE!

VOILÀ! EN ROUTE!

COMMENT VOUS REMERCIER?... JE SAIS! NOUS ALLONS VOUS OFFRIR UNE REPRÉSENTATION DE GALA!

MAIS...LES INDIENS?..

ILS ATTENDRONT! ALLONS! TOUT LE MONDE EN PISTE!

© MORRIS + GOSCINNY

LE GRAND WESTERN CIRCUS A L'HONNEUR DE VOUS PRÉSENTER LE PLUS FORRRRMIDABLE SPECTACLE DU MONDE!

PENDANT CE TEMPS, NON LOIN DE LÀ...

NOUS AVONS VU UN MONSTRE. GRAND COMME CHEVAL-DE-FER-QUI-ROULE SUR-LES-RAILS !

AVEC UNE GRANDE QUEUE DEVANT ET UNE PETITE DERRIÈRE !..

TRUITE SAUMONÉE ET PIED DE SERPENT AVOIR GOÛTÉ À L'EAU-DE-FEU !

BŒUF BOITEUX, NOTRE CHEF SAIT BIEN QUE LE SORCIER M'A INTERDIT L'EAU DE FEU !

ET PIED DE SERPENT NE TOUCHE JAMAIS AU TRUC TANT QUE FRÈRE SOLEIL N'A PAS DÉPASSÉ LA MOITIÉ DU DOMAINE DU GRAND MANITOU !

EH BIEN, ALLONS VOIR MAIS GARE AUX BRAVES S'ILS SE SONT PAYÉ MON SCALP !

DANS LE CHAPITEAU, LE SPECTACLE DU WESTERN CIRCUS CONTINUE...

MOI AUSSI J'ACCEPTERAIS DE ME FAIRE MARCHER DESSUS DANS CES CONDITIONS !

BRAVO !

ET MAINTENANT DAPHNÉ DANS SON EXTRRRRAORDINAIRE NUMÉRO DE LANCEUSE DE COUTEAUX !

TCHAC

TCHAC !

TCHAC !

© MORRIS + GOSCINNY

!

TCHIC !

DAPHNÉ ! TU POURRAIS ME PRÉVENIR QUAND TU MODIFIES LE NUMÉRO !

CE N'EST PAS UN NUMÉRO ! CE SONT LES INDIENS !

7

PAIX!

LES VISAGES PÂLES NE FONT QUE PASSER SUR LES TERRAINS DE CHASSE DE LEURS FRÈRES ROUGES. ILS N'ONT PAS DE MAUVAISE INTENTION.

BÊTE TRÈS GRANDE, TIPI TRÈS GRAND. HOMMES DANS TIPI AUSSI TRÈS GRANDS?

NON, MON AMI, MAIS ILS PEUVENT VOUS PRRRÉSENTER LE PLUS GRRRAND SPECTACLE DU MONDE! ENTREZ, ENTRRREZ!

ERASMUS! ES-TU DEVENU FOU? CES SAUVAGES VONT NOUS SCALPER!

C'EST UN PUBLIC! ET UN PUBLIC NOMBREUX! CETTE RÉPÉTITION NOUS SERA UTILE POUR NOTRE TRIOMPHALE TOURNÉE À FORT COYOTE!

...ET APRÈS, CE SERA L'EUROPE, LE SUCCÈS MONDIAL!

LAISSEZ-LE FAIRE, MRS MULLIGAN. ÇA VA LES DISTRAIRE. L'ESSENTIEL C'EST QU'ILS NE PENSENT PLUS À LA GUERRE!

VOUS ALLEZ ASSISTER À LA LUTTE DANTESQUE DE L'HOMME CONTRRRE LES FAUVES!

GARÇON DE PISTE! FAITES ENTRRRRER LES FAUVES!

CLAC!

RRRRR...

9

AH, MESSIEURS! COMMENT VOUS REMERCIER?

* MAIS... MAIS C'EST NOTRE DEVOIR, MADAME.

JE SAIS, MOI! NOUS ALLONS VOUS OFFRIR UNE REPRÉSENTATION DE GALA! NOUS VENONS DE FINIR LA MATINÉE, LA SOIRÉE VA COMMENCER!

AH, VANESSA, MA CHÈRE! DEUX REPRÉSENTATIONS À BUREAUX FERMÉS DANS UNE JOURNÉE! NOTRE CHANCE TOURNE!

ET APRÈS LA SOIRÉE, UNE PRESTIGIEUSE CARAVANE SE DIRIGE VERS FORT COYOTE...

WESTERN CIRCUS

FORT COYOTE! VOUS ÊTES EN SÉCURITÉ. JE VOUS LAISSE.

DEMI-TOUR! CAPORAL BENSON! LÂCHEZ CE CORNET DE CACAHUÈTES!

MOI AUSSI, JE VOUS QUITTE, CAPITAINE.

NOUS VOUS DEVONS BEAUCOUP, LUCKY LUKE! IL Y AURA TOUJOURS UNE PLACE POUR VOUS À LA CAISSE ET VOUS POURREZ AMENER QUI VOUS VOUDREZ!

JOLLY JUMPER ET MOI, NOUS VOUS REMERCIONS, CAPITAINE!

LA GRAND-RUE DE FORT COYOTE...

ZILCH GENERAL STORE

ZILCH FUNERAL PARLOR

ZILCH HO

ÉCURIES ZILCH

ZILCH STREET

— MORRIS + GOSCINNY —

PENDANT CE TEMPS, DANS LES FAUBOURGS DE FORT COYOTE...

16

BON, PERDONS PAS DE TEMPS. OÙ EST L'ÉLÉPHANT, QUE JE M'OCCUPE DE LUI?

AH JEUNESSE! IMPÉTUEUSE JEUNESSE!

UN INSTANT! NOUS POURRIONS PEUT-ÊTRE EMPLOYER NOTRE NOUVELLE RECRUE POUR DES TÂCHES PLUS IMPORTANTES...

EXCELLENTE IDÉE!

?

ZIP, SI ON L'ESSAYAIT COMME PARTENAIRE DANS VOTRE NUMÉRO?

J'AI JUSTEMENT BESOIN D'ESSAYER UN NOUVEAU TRUC...

ENLEVEZ VOTRE CHAPEAU... ET PUIS VOS GANTS AUSSI. ILS FONT TROP DISTINGUÉ...

MAIS...

VOILÀ... SOUS CETTE PERRUQUE IL Y A UN TUYAU TERMINÉ PAR UNE POIRE...

... JE PASSE LE TUYAU LE LONG DE VOTRE DOS ET JE GLISSE LA POIRE DANS LE FOND DE VOTRE PANTALON.

NE BOUGEONS PLUS...

!

VOUS VOYEZ, QUAND JE VOUS DONNE UN COUP DE PIED, JE PRESSE LA POIRE, CE QUI FAIT SAUTER LA PERRUQUE ET LE CHAPEAU... PAS MAL, HEIN?

ALLEZ! ON RECOMMENCE! VOUS N'AVEZ PAS L'AIR ASSEZ NATUREL, MON VIEUX... DÉTENDEZ-VOUS!

MORRIS + GOSCINNY

JE NE CROIS PAS QUE NOTRE AMI SOIT DOUÉ POUR FAIRE RIRE... ESSAYONS AUTRE CHOSE...

METTEZ-VOUS LÀ ET NE BOUGEZ SURTOUT PAS.

23

C'EST RATÉ! COMMENT NOUS DÉBARRASSER DE CES SALTIMBANQUES?

LES GENS AIMENT LE CIRQUE, D.D... CE QU'IL FAUT, C'EST LES EN DÉGOÛTER...

J'AI UNE IDÉE! APPELLE LES GARS! NOUS AUSSI, NOUS ALLONS DISTRIBUER DES PROSPECTUS!

PLUS TARD...

TIENS? VOTRE CHEVAL QUI ARRIVE.

OUAIP! IL EST ALLÉ SE PROMENER EN VILLE. IL AIME BIEN SE PROMENER SEUL DE TEMPS EN TEMPS...

TIENS? TU AS RAMASSÉ ÇA À FORT COYOTE?

IL EST FORMIDABLE, VOTRE CHEVAL, DITES!

ET ENCORE, IL N'EST PAS DANS SON ASSIETTE. IL CHERCHE UN NUMÉRO À FAIRE DEVANT LE PUBLIC...

LISEZ CECI!

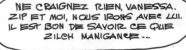

grand meeting

AU SALOON CE SOIR AU SUJET DU DANGER QUE REPRÉSENTE LE CIRQUE POUR NOTRE CITÉ!

Venez tous! Alcool gratuit venez nombreux ....

MORRIS + GOSCINNY

J'Y VAIS!

ÉRASMUS MULLIGAN! TU AS DÉJÀ FAIT ASSEZ DE BÊTISES COMME ÇA!

NE CRAIGNEZ RIEN, VANESSA. ZIP ET MOI, NOUS IRONS AVEC LUI. IL EST BON DE SAVOIR CE QUE ZILCH MANIGANCE...

ET C'EST LA NUIT DU GRAND GALA...

TOUT IRA BIEN, SHÉRIF

JE VOUS LE SOUHAITE...

FAUDRA OUVRIR L'OEIL, ZIP...

JE ME SENS MALADE... J'AI LES FLANCS COUVERTS DE SUEUR!

C'EST LE TRAC, MON VIEUX. ÇA PASSE DÈS QU'ON ENTRE EN PISTE!

LE SPECTACLE COMMENCE...

LA GRANDE VANESSA ET SON BALLET AÉRIEN... ET... !

BRAVO!

BRAVO

YIPPEEE!

BRAVO!

LES NUMÉROS SE SUCCÈDENT PROVOQUANT L'ENTHOUSIASME D'UN PUBLIC RAVI...

ON DIRAIT LE JUGE SOCKETT SIÈGEANT DANS SON TRIBUNAL!

VIEUX CRÉTIN!

ET VOICI DAPHNÉ! L'EXTRRRAORDINAIRE LANCEUSE DE COUTEAUX!

TCHAC!

TCHAC!

TCHAC!

EH, JUGE! AVEC VOUS IL Y AURAIT PAS DE PLACE POUR LES COUTEAUX, SUR LA PLANCHE!

LES INDIENS!!

HAHAHA! CE QU'IL EST DRÔLE!

MAIS NON! ÉCOUTEZ-MOI! LES INDIENS NOUS ATTAQUENT!

HA HA HA! HIHIHI

ÇA FAIT PARTIE DE SON NUMÉRO, ÇA?

JE NE CROIS PAS...

LE CIRQUE FLAMBE! SAUVE QUI PEUT!

MULLIGAN! OCCUPEZ-VOUS DE FAIRE SORTIR LES GENS! MOI, JE M'OCCUPE DES INDIENS!

LES INDIENS S'ENFUIENT... ILS REFUSENT LE COMBAT...C'EST BIZARRE...

BAH! C'EST UNE CABALE CONTRE MOI! IL Y A TANT DE JALOUX PARTOUT!

HEUREUSEMENT, TOUS LES SPECTATEURS PEUVENT QUITTER LE CHAPITEAU EN FLAMMES!

POMPIERS VOLONTAIRES DE FORT COYOTE! ALLONS CHERCHER LA POMPE EN VILLE ET REVENONS FAIRE NOTRE DEVOIR!

MERCI, JUGE...

NE ME REMERCIE PAS! JE T'AURAIS LAISSÉ GRILLER AVEC PLAISIR, MAIS JE TIENS À TE VOIR DEMAIN DEVANT MON TRIBUNAL!

FORT COYOTE VIT À L'HEURE DU RODÉO... LES CONCURRENTS ET LE PUBLIC AFFLUENT DANS LA VILLE EN FÊTE...

RODEO ANNUEL ZILCH

MEUHHH----

L'HOTEL EST PLEIN ET DES ANNEXES ONT ÉTÉ PRÉVUES

VOUS N'AVEZ PAS AUTRE CHOSE QUE DU PAIN SEC ET DE L'EAU POUR LE PETIT DÉJEUNER?

·PRISON· ANNEXE DE L'HOTEL

LE SALOON NE DÉSEMPLIT PAS, ZILCH A MÊME ENGAGÉ LA TROUPE DE LULU CARABINE...

EN AVANT LA MUSIQUE, WALLACE!

LA NOTOIRE LULU CARABINE DONT LE NOM MONTE DANS LE FIRMAMENT DE LA LÉGENDE DE L'OUEST, CAR ON DIT QUE JOE DALTON L'A PASS...NNÈMENT AIMÉE...

♪ I MET A GAL IN AMARILLO AS TIGHTLY STACKED AS A CIGARILLO... ♫

SI ÇA CONTINUE, JE POURRAI BIENTÔT ALLER VOIR MON DENTISTE AU SUJET DE QUELQUES PETITS TRAVAUX QUE J'AI EN PROJET...

NO CREDIT

ET ÇA CONTINUE! LES DILIGENCES DÉVERSENT LEUR CARGAISON DE VISITEURS VENUS PARFOIS DE TRÈS LOIN POUR ASSISTER AU CÉLÈBRE RODÉO DE FORT COYOTE.

FRANCE

ET C'EST CETTE PHOTOGRAPHIE QUI A SERVI DE MODÈLE POUR LES AFFICHES QUI ONT COUVERT LES MURS DE PARIS ET DE TOUTES LES CAPITALES D'EUROPE LORS DE LA TRIOMPHALE TOURNÉE DU ZILCH & MULLIGAN WESTERN SHOW.